Ein herzliches

,,Dankeschön''

meiner Schwester Christa,
die mir mit viel Geduld und Liebe
bei der Fertigstellung
und Gestaltung
der Bücher geholfen hat.

Marianne Weid

Heiter bis wolkig

Alltägliches

mit Humor gesehen

Gedichte / Band 3

2013

Bibliografische Information der Deutschen Nationalbibliothek
*Die Deutsche Nationalbibliothek
verzeichnet diese Publikation in der
Deutschen Nationalbibliografie;
detaillierte bibliografische Daten sind im
Internet über www. dnb.de abrufbar.*

*Herstellung und Verlag:
BoD – Books on Demand, Norderstedt*

*Umschlagfoto: Erich Weid
Druidenstein, 57548 Kirchen/Herkersdorf*

*Text und Gestaltung:
Marianne Weid*

*Illustration nach:
Ludwig Richter
Wilhelm Busch
Carl Larsson*

Namen frei erfunden

ISBN 9783732233434

Inhalt:

	Seite
An die kranke Kollegin	47
An meinen guten Hausarzt	34
Apfel-„Klau“	10
Bauchweh – Heilkräuter	38
Burn-Out: Totale Erschöpfung	40
Dank	7
Das Kätzchen ist fort	45
Das Wespennest	12
Der Juwelierladen	18
Der Knopf	54
Der Regenwald	27
Der unentbehrliche Schal	55
Dialog	48
Die rasende Oma	28
Die unsichtbare Oma	52
Ein Lob auf die braune Bohne	8
Gestrickte Socken	41
Gewohnheitsrecht	25
Gut behütet	30
Hasenversammlung	50
Mein Fernsehsessel	14
Mütter leben gefährlich	46
Nach Ikarus	42
Nackenschmerzen	36
Neid und Missgunst: Böses Paar	26
Schilder – Schildchen	16
Schnappschuss	29
Seenot	56
Sommerhitze	20
Spinnen	22
Träume – Albträume	44
Zahnarztbesuch	32

Dank

Dank für die glückliche Genesung
aus der Krankheit schwerem Bann.
Aus manch schweren Körperleiden
zogst Du mir die Freude an.

Danke, für das täglich Brot,
für den Frieden hier im Lande.
Für den Führerschein, den guten,
und fürs Auto „Dank mein Gott!"

Unverdient und ganz aus Gnaden
schenkst Du mir schon manches Jahr;
leg trotz 66 Jahren
Kunden noch ein Ringlein dar.

Dies Geschenk der späten Jahre
hast Du Gott mir beigelegt,
dass ich hinterm Ladentisch
still im Herzen, dann und wann,
für die Kunden beten kann.

Fröhlich komme ich nach Hause,
genieß mein Mahl mit stillem Glück,
lege dann zu später Stunde
den Tag in Deine Hand zurück.

Ein Lob auf die braune Bohne

Am besten fängt für jedermann,
der Tag mit Kaffee trinken an.
Beim Frühstück geht er ganz schön runter
und macht den Menschen fit und munter.
Sind noch so träg die grauen Zellen,
er schafft's im Nu, sie aufzuhellen.

Die Damen ziehen vor dem Tänzchen
den schönen Plausch beim Kaffeekränzchen.
So ist er auch ein Freudenmeister,
der fröhlich eint verschiedene Geister.

Freilich gibt's auch „So" und „So'ne",
die nicht geeint die Kaffeebohne.
Der Eine mag ihn stark und kräftig,
die Andere findet ihn zu mächtig.
Dem Kaffee ist es einerlei,
wie immer er beschaffen sei.

Ganz früher konnte er sich setzen,
jetzt muss er durch den Filter hetzen.
Und hat es dabei auch noch schwer,
es müssen viele Sorten her.

Für Einen ist er magenfreundlich,
dem Anderen auch blutdrucktauglich.
Er lässt es schließlich soweit gehn,
dass man ihm nimmt das Koffein.

Espresso, Mokka, Cappuccino,
ganz vornehm er sich präsentiert;
man sieht, er ist nicht antiquiert.

Selbst im musischen Bereich
ist ihm wahrlich keiner gleich,
was auch der gute Bach* schon ahnte;
drum schrieb er die Kaffee-Kantate.

Nun wollen wir uns froh dran laben,
wie gut, dass wir den Kaffee haben!

(*Johann Sebastian Bach)

Apfel- „Klau"

„Wohin des Wegs?", fragt die Elise
und schaut gebannt auf Nachbars Wiese.
Dort steigt, sie traut den Augen kaum,
der Karl von einem Apfelbaum.

Der sagt: „Ich habe mich verlaufen,
ich wollte nur mal Äpfel kaufen.
Der Weg zum Supermarkt ist weit,
es dauert eine Ewigkeit.

Gar lieblich war am Apfelbaum
die süße Frucht hier anzuschaun.
Da war es mir total egal,
ich weiß, mein Handeln ist fatal.

Es war auf einmal wie im Traum,
ich stieg auf diesen Apfelbaum.
Und ehe ich mich recht besonnen,
hab ich mit Pflücken schon begonnen.

Doch als ich dich nun kommen sah,
da wurde mir auf einmal klar,
dass ich hinunter muss vom Baum,
ich will doch keine Äpfel klau'n.

So geh mit mir, liebe Elise,
von dieser schönen Apfelwiese,
um meine Äpfel einzukaufen;
wir können ja gemeinsam laufen."

Der Heimweg dann wird schicksalsschwer!

Karl sagt: „Lieschen, komm doch mal her.
Willst du mit mir die Äpfel teilen?
Ich will mich dann auch sehr beeilen
dir ein guter Mann zu sein."
Das Lieschen willigt glücklich ein!

Noch oft geht nun mit der Elise
der Karl zu jener Apfelwiese,
weil sie daselbst ihr Glück gefunden,
in Lieb' und Treue sich verbunden.

Das Wespennest

Ich öffne voller Tatendrang
das Fenster; da wird mir so bang.
Auf einmal stelle ich hier fest,
am Fenster ist ein Wespennest.
Ein Blick zur Seite sagt mir dann,
ein Nachbarnest ist nebenan!

Nun denk ich hin und denke her
und überlege mir gar sehr,
was ich mit dieser Brut hier mache?
Es geht ja nicht nur um ein Tier,
denn deren sind ja viele hier!

Soll ich nun, was viele tun,
den Wespen schnell den Garaus machen,
oder lass ich's einfach ruhn?

Zur Ruhe hab ich mich entschlossen;
werd', wenn das Leben sie genossen,
erneut mal nach den Wespen sehn.

Das Fensterputzen ist passee,
denn immerhin, noch leben sie.
Gestochen haben sie mich nie!

Erneut schau ich das Fenster an.
Verstummt ist das sonore Summen,
in keinem Stockwerk mehr ein Brummen;
die Wabennester sind nun leer.

Da hab ich mich doch durchgerungen
und lass mich nun nicht mehr betören
die Meisterwerke zu zerstören.

Ein weh' Gefühl bleibt nun zurück,
doch nächstes Jahr gibt's irgendwo
ein neues Wespennest, zum Glück!

Mein Fernsehsessel

Wenn die Arbeit mich geschafft,
und es fehlt an neuer Kraft
setz ich mich in meinen Sessel.

Auf Knopfdruck
schwenkt er mich nach hinten,
hebt die Beine auch zugleich;
dann will es doch schier mich dünken
ich wäre schon im Himmelreich.

Wohlig kann ich mich dann räkeln,
einmal her und einmal hin,
und es dauert dann nicht lange
bis erholt ich wieder bin.

Manchmal lese ich die Zeitung,
häkle Glöckchen, Kugel, Stern,
oder stricke warme Socken,
die ich dann verschenke gern.

Zum fernsehn ist er durchaus tauglich;
ich muss gestehn,
auch dafür brauch ich
den Wundersessel viel zu viel.

14

Oft mache ich ein Nickerchen
auf meinem grünen Dickerchen.

Er trägt auch eine schöne Schärpe,
die ich gehäkelt zu dem Zwecke,
zu halten eine warme Decke.

Wenn dann erholt sich meine Glieder,
drücke ich das Knöpfchen wieder;
sacht fährt er mich dann hernieder.

Erholt mach ich mit frohem Mut
meine Arbeit wieder gut.

Schilder – Schildchen

Zum Wohl der Menschen auf der Welt
sind viele Schilder aufgestellt.
Sie zeigen uns auch dann und wann,
was man so alles machen kann.

Nun gibt's auch Schilder im Verkehr,
die sagen uns derweil viel mehr.
Wir tun uns damit oftmals schwer,
die Polizei verdrießt das sehr.

Wir haben gelernt: „Halten bei Stopp";
Stoppschilder sind uns ja ein Graus,
beim Fahren sind sie oft ein Flop.
wir fahren lieber schnell voraus.

Dann gibt es Schilder vieler Art
zu weisen uns den rechten Pfad.
Doch es gibt Schildchen, ich muss sagen,
da platzt so manchem fast der Kragen.

Man nähte sie an, ganz voller Tücke,
am oberen Rand der Kleidungsstücke.
Nicht etwa zart und seidenweich,
nein, kratzig hart, der Folter gleich.

Zuerst will man's noch ignorieren
und die Nerven nicht verlieren.
Doch lange hält es niemand aus,
das Schildchen muss nun endlich raus!

Will man voll Wut das Schild entfernen,
wird man es noch kennen lernen.
Fest verankert, trotzig jetzt,
hält stand es jedem Härtetest.

Ist das Schildchen endlich raus,
dann sieht man, ach, es ist ein Graus,
ein Loch im schönsten Kleidungsstück,
und doch verspürt man auch noch Glück.

Denn endlich ist es jetzt vorbei
mit der Nackenkratzerei!

Der Juwelierladen

Es begab sich kurz vor Drei,
dass eine Dame kam vorbei.
Vom Schmuck im Fenster angezogen,
beginnt ihr Herz sogleich zu wogen.
Der Eingang zieht sie magisch an,
ihr Fuß vorbei nicht gehen kann.

Nun ist sie drin, es kann beginnen;
sie kokettiert mit Ketten, Ringen.
Auch Ohrschmuck
lässt sie sich noch bringen.
Im Stillen sie dann überschlägt,
ob das der Säckel noch verträgt.

Indes, die Dame hinterm Tresen
zeigt ihr mit wahrem Kennerblick
gerade noch das schönste Stück.
Und sagt dann noch so nebenbei,
ein Einzelstück sehr einsam sei.

So einer vornehmen Erscheinung,
sie wäre ja wohl auch der Meinung,
gehöre alles nur im Set.
Das fand die Kundin wirklich nett;
erwarb dann stolz das ganze Set.

Den Gatten wird's nicht sehr verletzen,
er soll vielmehr sich glücklich schätzen,
solch edle Gattin zu besitzen.

Und mit stolz geschwellter Brust,
Verkäuferin auch ohne Frust,
strebt heimwärts sie
mit dem Geschmeide,
dem Gatten eine Augenweide.

Sommerhitze

Wenn das Thermometer steigt
und die 30 Grad erreicht,
dann schwitzt der Mensch allein nicht nur,
genauso geht's der Kreatur.

Mitgefühl steigt in mir hoch,
allein, mir fehlt der Wassertrog.
Ein Wassertrog? - Nun mal gemach -
eine Schale ist es, groß und flach.

Gleich dem Wasserloch in der Savanne
steht sie unter meiner Tanne.
Insekten, Amseln, Meisen, Raben,
sie alle können sich nun laben.

Heiß entbrennt ums kühle Nass
ein Streit, es ist fürwahr kein Spaß.
Die Vögel sind bekanntlich „pfiffig"
doch unter sich oftmals auch strittig,
wem dieses Wasserloch nun eigen?

Sie wollen es nun allen zeigen,
dass man darin auch baden kann.
Das Morgenbad ist nunmehr Pflicht.
Am Abend spült man brav und bieder
den Staub des Tags aus dem Gefieder.

Und durch den Streit um das Revier,
hab ich bei mir ganz unverdrossen
in meinem Herzen fest beschlossen:
Ich stelle viele Schalen hier
für jeglichen in sein Revier!

Es soll ja Frieden sein bei mir!

Spinnen

I-i-i-h, was hangelt da im Eck?
Eine Spinne! „Weiberschreck“!
Soll ich sie nun massakrieren,
    oder einfach ignorieren?
    Oder trage ich sie raus
in die Sträucher hinterm Haus?

Wissenschaftler sind sich einig,
    sie sind nützlich. Darum eil ich,
und mit des Wedels weichem Flausch
vollziehe ich den Wohnungstausch.

In Gottes schönem Wundergarten,
wo funkelnd in kristallnen Schleiern
sich bricht der Sonne goldnes Licht.
Wenn Tau die Erde sanft erfrischt,
    verzieren sie mit ihren Künsten
Busch und Gräser mit Gespinsten.

Die Spinne zurrt ihr schönes Netz
    mal hier und da in Ecken fest.
Sie zwirnt die Fäden sehr stabil*
    mit Wasser und mit Protein.

Bei ihr gibt's keinen Pfusch am Bau,
    die Statik nimmt sie sehr genau.
Manch eine sich auch spezialisiert,
    hat Speisekammern integriert.

So sind die Netze sehr bequem;
*elastisch sind sie außerdem.***
Darum auf „Cap Canaveral"
die NASA will partout ergründen
wie die Proteine sich verbinden,
um federleicht mit Überschall
zu fliegen in das weite All.

Ingenieure, Konstrukteure
wollen neue Formeln finden,
das beste Protein zu binden.
Sie scheitern jedoch allemal;
es fehlt am richtigen Material.

So muss man wieder mal erkennen,
des Menschen Hirn ist unermesslich,
doch manchmal ist es auch vergesslich.
Und so vergisst es dann und wann,
dass man nicht alles machen kann!

*100 x belastbarer als Stahl
**Kann 40fach gedehnt werden

23

Gewohnheitsrecht

Mit der neuen Rechtschreibung
fange ich erst gar nicht an;
die alte ist mir so geläufig.

Zwar ein paar Fehler ab und an,
was jeder nachvollziehen kann.

Die Satzzeichen auf wanken Beinchen,
sie wähnen sich auf falschem Platz;
es sind ja doch nur Meilensteinchen,
um zu verstehen einen Satz.

Die Hauptsache ist schlussendlich,
man schreibt für jedermann verständlich.

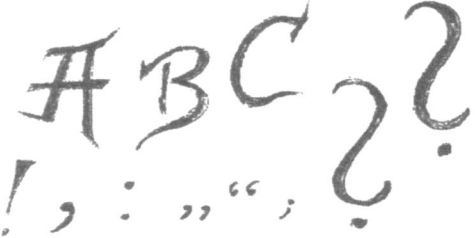

Neid und Missgunst: Böses Paar

Fällt dir mal in deinem Leben
ein kleines Sümmchen Geldes zu,
oder sonst was, wie's auch sei –
dann ist es aus mit deiner Ruh'.

So mancher Mensch macht dir dann klar:
„Das Geld, das ist ja nicht nur dein,
im Grunde ist es nämlich mein!"

Da stehst du nun, fragst dich benommen:
„Hab ich zu Recht das Geld bekommen?"
Ja, lieber Mensch, so geht es hier;
die Erde ist ein Jagdrevier!

Es wird gejagt nach Gut und Geld;
um Gönner ist es schlecht bestellt.
So mancher bleibt da auf der Strecke,
ist froh, hat er noch seine Decke.

Der Regenwald

Was holzen sie am Amazonas,
die großen Sägen dieser Welt?
Der Erde starke grüne Lunge,
des Regens weiches Himmelbett,
der Tiere Heimat geht verloren,
für Geld, und immer nur für Geld.

Die große Gier die Menschen lockt,
auch wenn das Klima schon geschockt.
Wüsten fressen sich ins Land,
wo alles im Einklang sich befand.

Wir brauchen nicht mehr Mahagoni
und Teak für unser Wohngefühl;
entspannen können wir ganz sicher
auch noch auf anderem Gestühl!

Es geht auch ohne Palisander,
genügen soll uns miteinander
aus unserm Holz in „Old Europa",
das nachwächst stark und ganz beständig,
der gute Lehnstuhl für den Opa
und für den, der es liebt aufwendig –
Designer Möbel und ein Sofa!

Die rasende Oma

Die liebe Sonja, ach die Gute,
droht mir manchmal mit der Rute.
Ja, ich muss es selbst bekennen,
ob der schnellen Auto-Rennen.
Wenn ich mal am Steuer sitz,
das „Autochen" von selber flitzt.

Verkehrszeichen, weise aufgestellt,
die überseh ich gänzlich.
Gehts weiter so, ich weiß es selbst,
wird es für mich mal brenzlig.

Sonja schüttelt still ihr Haupt
ob dieser Ignoranz und denkt:
„Die Staatsgewalt muss schnellstens her,
sonst eskaliert es ganz!"

Freilich seh ich die Gefahren,
denk: „Ich werd auch mit den Jahren
endlich einmal langsam fahren".
Ein andermal geht es gemächlich;
der Geist ist willig,
das Fleisch ist schwächlich.

Schnappschuss

Dies Bildnis ist nicht grade schön,
doch leider bin ich da zu sehn.
Ich kann es nicht leugnen,
ich fuhr zu schnell
und will mich bessern auf der Stell!

Die Strafe folgt nun auf dem Fuß,
es ist mir wahrlich ein Verdruss.
Doch Alter schützt vor Torheit nicht,
drum schreib voll Reu' ich dies Gedicht.

Nun meine Damen, meine Herrn,
zahl ich die wohlverdiente Strafe
zwar willig, wenn auch nicht so gern.
Gelobe Besserung in allen Ehren,
will Vorbild jetzt der Jugend werden.

Verbleibe nun für alle Zeit,
Ihre geläuterte
Marianne Weid.

P.S.: Brichst das Gesetz du ungeniert,
dies konsequent zur Strafe führt!

Gut behütet

Fährt vor mir ein Mann mit Hut,
ist es vielleicht für etwas gut.
Er bemüht sich redlich
mit all seinen Sinnen,
dass der Tacho nicht etwa
zu schnell läuft von hinnen.

Die Lust an der „60"* ist enorm,
hat er sie erreicht, ist er in Form.
Die „70" wäre ja fatal,
so setzt er wieder ein Fanal
und bleibt bei „60" ganz normal.
Da spürt man manchmal Zoll für Zoll
im ganzen Körper Wut und Groll.

Ich habe es eilig, fang an zu kochen;
und wild beginnt das Herz zu pochen;
denke: „Nun mach ich mal
Dampf unserm Mann!"
und fahre so dicht
wie es geht an ihn ran.

Jetzt fährt er knapp „50",
ich raste bald aus;
wann komme ich heute
denn endlich nach Haus?
Noch zürn ich, doch plötzlich,
ohne ihn wär's geschehn,
seh ich am Straßenrand
einen Starenkasten stehn.

Er hat nicht geblitzt,
„Dank" dem Manne mit Hut,
weg ist im Bauch
die verzehrende Wut.
In Zukunft fahr ich
entspannt hinterher
und zürne dem Mann
mit dem Hut nimmermehr!

*km/h

Zahnarztbesuch

Freundlich ist hier der Empfang,
bis ich auf den Stuhl gelang.
Dort mache ich es mir bequem;
was folgt, ist nicht so angenehm.

Mild lächelnd wird mir unumwunden
das weiße Lätzchen umgebunden.
Die Behandlung kann beginnen;
der Mut schleicht sich derweil von hinnen.

Voll Tatendrang und ganz galant
reicht der Doktor mir die Hand.

Er schaut mir prüfend in den Mund,
stellt fest: „Das Zahnfleisch ist gesund!
An diesem Zahn muss ich mal bohren,
doch jener dort, der ist verloren!"

Den Zahnstein macht er mir gleich raus;
ich spüle mir den Mund gut aus.

Mit flinker Hand ganz konzentriert
die Helferin den Spatel führt;
die Füllung ist nun angerührt.
Der Doktor kennt mich wirklich gut
und macht mir zwischendurch mal Mut.

Gekonnt schließt er nun schnell das Loch,
und fragt unschuldig: „Ziehn wir noch? "

„Ach, lieber Doktor, ich muss sagen,
heute will ich's nicht mehr wagen.
Heute geht's noch mal gemächlich,
der Geist ist willig,
das Fleisch ist schwächlich. "

Der Doktor meint: „Es muss wohl sein!",
schaut noch mal in den Mund hinein.

Lächelnd nimmt er nun die Spritze
und sticht ins Zahnfleisch ihre Spitze.
Mein Mund wird schwer,
kann nur noch lallen,
dem Arzt zum großen Wohlgefallen.

Den Mund schön auf, und mit Triumph
zieht er den Zahn mit Stiel und Stumpf.
Nun ist's geschafft, ein wenig krank
verlasse ich die Marterbank;
mit schiefem Mund zur Tür ich wank.

Kurz bleibt der Doktor bei mir stehn,
reicht mir die Hand. – „Auf Wiedersehn!"
Doch das ist nicht in meinem Sinn,
so bald geh' ich nicht wieder hin!

An meinen guten Hausarzt
(Hommage an alle guten Hausärzte)

Seit Wochen ging es mir nicht gut,
da tat ich, was man dann so tut,
nahm sogleich ein warmes Bad;
wusch mir den Hals, den Bauch, die Füße,
schritt sogleich auch dann zur Tat,
begehrte meines Doktors Rat.

Er fing gleich an zu therapieren,
was schnell zur Heilung sollte führen.
Ich wusste es bisher noch nicht,
die Therapie war ein Gedicht.
Und mit der Lyrik frischen Schwingen
neue Kräfte mich umfingen!

Der Blutdruck wurde noch gemessen,
tief Atem holen nicht vergessen;
so prüfte er mir noch gottlob
das Herz mit seinem Stethoskop.
Und mit neuem Beta-Blocker
spielt das Herz nicht mehr den „Rocker"!

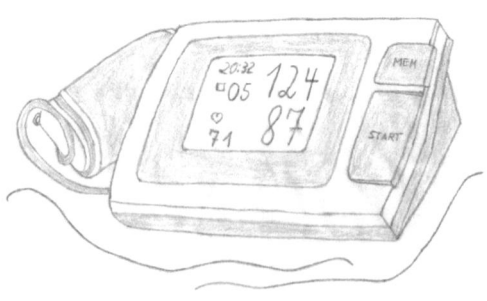

Unterdessen rief die Dame
vom Labor zur Blutabnahme.
Gezielt stach sie die Vene an,
zapfte soviel Blut, wie sie nur kann.
In kleinen Röhrchen, gut sortiert,
wurde nun das Blut analysiert.

Fehlt es dem Doktor selbst an Kraft,
Patientenjammer ihn geschafft,
dann bricht aus ihm das Urverlangen
nach Waidmannsheil und wilder Hatz,
manchmal auch in sich versonnen,
nach Jägers Kanzel stillem Platz.

Ist dem Praxisstress er fern,
denkt er an Christian Morgenstern.
Doch tritt heraus der „Kapitale",
die Lichtung setzt den „König" matt,
vergisst er alle Ideale;
zielt - Kimme - Korn - und - Blatt!*

*Blattschuss

35

Nackenschmerzen

„Das Beste, was ich machen kann",
dachte sich ein kranker Mann,
„ich vertrau mich meinem Doktor an."

Es schmerzten ihn
der Hals, der Nacken,
und es begann
auch noch zu knacken.

Der Doktor schaut
den Hals sich an,
verschreibt das Beste was er kann;
die gute Salbe zum Verreiben,
und nicht gedacht
zum Einverleiben.

Noch immer geht es
schlecht unserm Mann;
der Doktor schaut sich
den Hals noch mal an.

Die Salbe wirklich nichts bezweckte,
weil sie absolut nicht schmeckte.

„Nun sagen sie mir mal ganz offen,
wie hat es ihren Hals getroffen?"

„Ich drehte den Kopf zur linken Seite."

„Dort sahen sie,
wir wissen es beide,
eine schöne Frau und Augenweide."

„So war es, ich muss es gestehn."

„Wenn sie demnächst
schöne Frauen rechtsseitig sehn,
müssen sie logischerweise
ihren Kopf dorthin drehn.
Dann haben wir das Übel
an der Wurzel gepackt,
dass ihr Hals und Nacken
nicht mehr schmerzt
und nicht knackt."

Bauchweh – Heilkräuter

Gott ließ so manches Kraut auf Erden
schön wachsen, um Arznei zu werden.

Gamander, Fenchel, Kümmel
vertreibt so manch Getümmel
aus unserm schwachen Magen;
er kann nichts mehr vertragen.

Als Tee, mild aufgegossen
und oftmals dann genossen,
verdaut ganz unverdrossen
der Bauch die gute Speise
auf ihrer langen Reise.

Auch fein, in destillierter Form,
die Kraft der Kräuter ist enorm,
wie bei den Homöopathen,
die meistens gut beraten.

Da wird gerüttelt und verschüttelt;
nicht etwa um sie aufzuschrecken,
vielmehr um ihre Kraft zu wecken.
Und weil sie nunmehr sehr verdünnt,
man tropfenweis' die Kräuter nimmt.

Die Ärzte lässt das auch nicht kalt,
verordnen weniger Gewalt.
Sie setzen dafür nun mithin
auf sanfte Kräutermedizin.

Wie weiser Rat uns einst gelehrt
liegt auch die Psyche oft verkehrt.
Darum muss man hier noch beachten,
dass die Nerven nicht verschmachten.
Zur rechten Zeit ein gutes Wort
treibt manche dunkle Wolke fort.

Wir danken Gott dafür und preisen
den Schöpfer, der auf viele Weisen
uns Hilfe schenkt aus seinem Garten
durch viele gute Kräuterarten!

Burn-Out: Totale Erschöpfung

Es krankt der Mensch,
es krankt die Seel',
das Hirn gibt währenddem Befehl:
„Leg nieder dich und ruh dich aus,
sonst landest du im Krankenhaus!"

Jedoch das „Ego", dieses Luder,
gibt nicht aus der Hand das Ruder.
Es will beweisen jedermann,
was es noch alles leisten kann.
Gekränkt ist auch des Menschen Sinn,
er kränkelt nur noch vor sich hin.

Da geht Befehl an alle Zellen,
dass dieser Wahn ist abzustellen!
Der Mensch legt endlich sich jetzt nieder;
erleichtert sind nun alle Glieder.
Und dankbar nimmt er nun fortan
auch andrer Menschen Leistung an.

Von dem Burn-Out jetzt gut erholt,
er anders nun sein Leben polt.
Es hält sich nun ganz schön die Waage,
die Ruhe und des Alltags Plage.

Gestrickte Socken

Wenn dich mal
kalte Füße plagen,
musst du nur
diese Socken tragen.

Bei kaltem Fuß
erlahmt der Schwung,
bei warmem
bleibst du ewig jung.

Ist es auch sibirisch kalt,
wärmen diese Socken bald.

Ein paar Grad Wärme
an den Sohlen,
erspart im Winter
auch noch Kohlen.

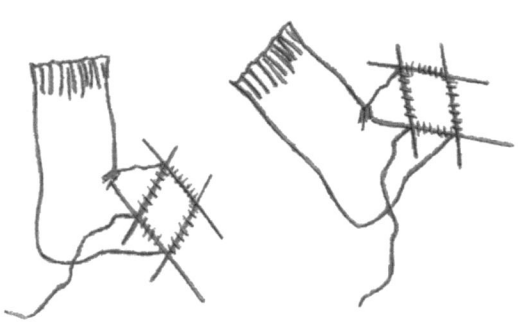

Nach Ikarus
Der uralte Traum vom Fliegen

Ein Mensch, der gern mit Segeln fliegt,
mit sanftem Gleiten sich begnügt.
Dem Segler wird der Flug gelingen,
getragen von der Thermik Schwingen.

Wenn man genießt die Sonntagsstille,
der Himmel wölbt sich azurblau,
die Vögel hört man rundum singen,
die Luft bewegt sich sanft und lau,
dann wird, ja es ist unerhört,
die Idylle jäh gestört.

Sportflugzeugflieger, gar nicht leise,
drehen machomäßig ihre Kreise.
Sie stören aggressiv auf diese Weise,
genüsslich weiter Rund' um Runde,
aufheulend manche „Erdgebundne".

Menschen, die mit Drachen fliegen,
müssen sich nach vorne biegen,
weil sie beim Fliegen „bäuchlings" liegen.

Ballonfahrer
lieben es leise und bunt
sie schweben in Körben
über Berg und Tal;
bewundert werden sie allemal!

Dann gibt es auch noch Überflieger,
die besten Flieger aller Flieger.
Sie leben fröhlich hier und dort,
sind Lebenskünstler,
im wahrsten Wort.

Sie alle erliegen dem schönen Schein:
„Über den Wolken muss die Freiheit
wohl grenzenlos sein!"*

* Reinhard Mey

Träume – Albträume?

Nicht nur der Mai hat seine Träume,
auch im Winter sehn die Bäume
wie schöne, weiße Bräute aus.

Besonders Tannen, Koniferen,
können sich nicht leicht erwehren
der schweren, weißes Last;
es bricht mal hier und da ein Ast!

Und manchmal ist er aus der Traum;
es schwankt und fällt so mancher Baum.
Dann greift es an des Menschen Herz,
er sieht der Bäume letzten Schmerz.

Schon rücken Räumkommandos an
und sägen weg die schwache Tann.
Man sieht daneben parallel,
die „Alten" hier im Lande stehn.

Kommen sie zum Fallen, Liegen,
wird man dann auch die Säge kriegen?*
Ich hoff', es wird sich alles wenden
und letztlich doch im Guten enden!

(*Hüftgelenk-Debatte)

Das Kätzchen ist fort

Oh Traurigkeit, oh Traurigkeit,
das Kätzchen lief so weit, so weit!
Es wurde nirgends mehr gesehn,
„Lilochen", was ist geschehn?

Wir haben gesucht auf Straßen, in Büschen,
wohin bist du Liebes uns denn entwichen?

Die Tage schlichen in Trauer dahin;
in Bangen und Hoffen verstrickt unser Sinn.

Wir klagten Gott unser Weh, unser Ach,
denn ohne seinen Willen
fällt kein Sperling vom Dach.

Plötzlich ein Anruf:
„Das Kätzchen ist da!"
Bei lieben Menschen ihm Rettung geschah.

Die Freude durchströmt
wieder Herzen und Haus;
das Kätzchen ist da, vorbei ist der Graus!

Mütter leben gefährlich

Es ist bei weitem nicht bequem
das Reich der Kinder zu begehn.
Bei Spielzeug, Tieren und Gestalten,
wo jedes will die Stellung halten,
da wackelt so ein armer Tropf
und fällt der Mutter auf den Kopf!

Der Kopf nun mächtig rebelliert
mit Schmerzen auf den harten Stoß.
Dort wächst ihm eine dicke Beule;
die Mutter sinkt in Bettes Schoß.

Es ist nicht von Dauer und wird wieder gut,
denn Mütter fassen schnell wieder Mut.

Sie ist nicht auf den Kopf gefallen;
zu Kopf ist ihr auch nichts gestiegen,
was man bei vielen, ich müsste lügen,
durchaus auch manchmal sagen kann.

Nun greift sie weise, wohl für immer,
zum Schutzhelm vorm Trip ins Kinderzimmer!

An die kranke Kollegin

Liebe Lissi!

Endlich bist Du wieder da!
Von Deiner Krankheit gut genesen
erfreust Du mich mit Deinem Wesen.

Freilich war ich nicht sehr höflich
und vernachlässigte Dich sträflich.

Es ist mir wirklich sehr genierlich,
dass ich mich nicht telefonierlich
erkundigt nach dem Stand der Dinge,
wie es Dir inzwischen ginge?

Ich hoffe, es geht wieder gut.
Drum fasse ich mir jetzt den Mut
Dir dieses Verslein hier zu schreiben
und will in Zukunft herzlich bleiben

Deine Marianne

47

Dialog

„Was gibt es denn
soviel zu gaffen",
fragt das Zebra
die Giraffen.

„Wir schauen nur mal
nach den Affen",
erwidern vornehm
die Giraffen,

„die Kraft scheint ihnen
zu erschlaffen,
vor lauter wildem
Futter raffen."

Das Zebra meint:
„Ach ja, die Affen
spielen immer nur
die „Taffen".

Dagegen sind ja
ihr und wir
bestimmt
das edlere Getier.

Ihr zupft mal da,
wie schöne Grazien,
ein wenig Grün
von den Akazien."

"Recht so!",
erwidern die Giraffen,
"ihr seid auch nicht
wie die Affen.

Ihr outet euch
designermäßig
und seid auch nicht
so wild gefräßig.

Doch eines muss man
ihnen lassen,
sie sind ganz lustig
diese Affen."

Hasenversammlung

Der Osterhase legt die Eier,
doch dem normalen Hasenvolk
ist dieses wahrlich nicht geheuer.
Und voll Verwundrung sehn sie dann,
dass er sie auch bemalen kann.
Die Hasenschar ist hell begeistert,
sie will nun helfen ihrem Meister.

Versammlung ist jetzt angesagt!
Es treffen sich nun alle Hasen
auf ihrem Platz, dem weichen Rasen.
Denn vieles ist nun zu bedenken,
um liebe Kinder zu beschenken.

„Die Hennen müssen auch noch ran!“,
ruft ein alter Hasenmann.
„Bei ihnen ist es ja Routine“,
sagt ein Has' mit ernster Miene.
„Das Nesterbauen ist sehr wichtig,
ich bitte euch, macht es auch richtig.“

Auch wollen sie sich nun verpflichten,
das Eierbringen zu verrichten.
Sie kommen schließlich zu dem Schluss,
dass jeder etwas schaffen muss.

Einstimmig ruft die Hasenschar:
„So wird's gemacht, das ist doch klar!",
Wir schreiben schnell noch die Statuten,
dann aber müssen wir uns sputen!

Die einen eilen flink voraus,
suchen Moos und machen Nester draus.
Die andern hoppeln hinterdrein
und legen flugs die Eier rein.

Nun aber schnell zurück zum Bau,
es gibt auf einmal viel Radau.
Die Kinder suchen nun ihr Nest,
gelungen ist das Osterfest!

Die unsichtbare Oma

Gerade wollte ich mal eben,
der Tochter eine Nachricht geben.
Mit einem Griff, man ahnt es schon,
schnapp ich mir das Telefon.

In der Ferne indes,
ich hab's schnell erkannt,
nimmt niemand
den wichtigen Hörer zur Hand;
da spreche ich, wie praktisch,
die Botschaft aufs Band.

Die Mutter sagt: „Ich bin im Bad";
klein Anne dreht derweil am Rad.
Auf einmal hört sie Omas Stimme,
die Langeweile ist nun aus,
sie saust schnell in den Flur hinaus.
Doch die Oma ist nicht dort,
auch an keinem andern Ort.

Das Kind versteht die Welt nicht mehr
und denkt so bei sich hin und her:
„Wo ist denn nun die Oma mein?
Sie muss doch hier im Zimmer sein."

Unser Ännchen ruft: „Oma!"
und weint dabei sehr;
der Mutter im Bad
dringt das ins Gehör.

Sie eilt zu dem Schätzchen
und ahnt es auch schon –
das Kind hat erkannt
die Oma am Ton.
(Im Anrufbeantworter)

Tröstend hebt sie
ihr Kindchen empor,
wählt meine Nummer,
hält ihm den Hörer ans Ohr.

Ein Lächeln huscht
über das kleine Gesicht,
sie hört ihre Oma,
die lieb mit ihr spricht.

Nun ist für klein Anne
die Welt wieder schön,
denn morgen wird sie sicher
ihre Oma wieder seh'n.

(Anne ist 18 Monate alt.)

Der Knopf

Es fehlt ein Knopf dem armen Tropf.
Die Hose ist nur zugebunden,
weil der Knopf noch nicht erfunden.

Da steht er nun der arme Tropf
und fasst sich ratlos an den Kopf.
Nun denkt er nach der arme Tropf,
erfindet kurzerhand den Knopf.

Jetzt braucht er noch ein Loch dazu,
er findet wahrlich keine Ruh'.
Doch Löcher sind schon längst erfunden,
er freut sich darob unumwunden.

Die Hose wird nicht mehr gebunden,
weil er den Knopf hat neu erfunden.
Nun wird die Hose zugeknöpft
und unser Tropf ist sehr erschöpft.

Erleichtert ist er aber sehr,
es rutscht ihm keine Hose mehr!

Nächstenliebe

Im Herbst und auch an Wintertagen
können Infektionen plagen.

Halsschmerzen sind dann eine Qual,
drum schenke ich dir diesen Schal.

Deinen schönen Hals wird er zart umhüllen
und seinen Zweck dann wärmstens erfüllen.

Mit diesem Schal ist auch dein Outfit komplett,
und alle finden dich doppelt so nett!

Seenot (Nonsens)

An der Küste der Bermuda*
schwamm ein großer Barrakuda,**
suchte wild nach Maracuja.

Doch dies gelang ihm leider nicht;
den Barrakuda ruft die Pflicht.

Statt einer Maracuja,
fand er so ein Luda***
von einem Barrakuda,
der gänzlich ohne Ruder
und ohne Bordcomputer.

Er rettet nun das Luda
von einem Barrakuda
an der Küste der Bermuda.

(*Bermuda-Inseln, **Raubfisch, *** Luder)

Ein kleiner Ausblick auf Band 4

Ein fröhliches Gemüt

*Die liebe Emma singt so gern
wie ein munteres Vöglein
vor dem Herrn;*

*genießt dankbar die Tage,
die ihr sind geschenkt,
weil Gott ja im Grunde
das Leben lenkt.*

*Oft hört man Emma
fröhlich lachen,
und wenig
kann sie bange machen.*

*Sie weiß:
Mein Vater im Himmel
hält treu mir die Wacht,
darum wird jeden Tag
gesungen und gelacht.*

Folgende Gedichtbände empfehle ich Ihnen